Gerhard Müller (Herausgeber)

Wende dich stets der Sonne zu,
dann fallen die Schatten hinter dich

AF222738

ISBN:978-3-8423-4683-3
Alle Rechte vorbehalten
Copyright 2009 Gerhard Müller
Dritte Auflage 2011
Herstellung und Verlag: Books on Demand GmbH, Norderstedt
Fotos: Gerhard Müller

Gerhard Müller (Herausgeber)

Wende dich stets der Sonne zu, dann fallen die Schatten hinter dich

365 Lebensweisheiten für ein glückliches und gesundes Leben

Sprichwörter und Lebensweisheiten
– der Wissensschatz der Menschheit -

Diese oft uralten Weisheitsschätze der Menschheit spiegeln die Weltanschauung sowie die Lebenserfahrung der großen Kulturen wider. Sprichwörter drücken eine tiefe Weisheit aus, zeigen eine Ahnung von den Zusammenhängen im Universum und haben ihre Quelle in der Volksseele. Sie haben eine lange Tradition und geben die Erfahrung vieler Generationen wieder. Auch geben sie Denkanstöße und zeigen uns, wie nahe sich die verschiedenen Völker, Kulturen und Religionen oft sind. Aus der Gesamtheit aller Zitate können Sie, wenn Sie aufmerksam zuhören, eine gemeinsame Grunderfahrung der gesamten Menschheit vernehmen.

Diese alten Weisheiten haben auch noch heute nichts an ihrer Aktualität eingebüßt, denn Wahrheit ist zeitlos, sie basiert auf den Erfahrungen einer höheren geistigen Ordnung, worin die menschliche Existenz sinnvoll eingefügt ist. Durch diesen Wissensschatz können wir das Wunder unseres Menschseins, sowie unser Eingebundensein in eine höhere Ordnung erkennen.
Die Lektüre und Auseinandersetzung mit den Weisheiten soll anleiten, diese in den Alltag zu integrieren sowie zu Toleranz und Offenheit anregen. Im psychologischen Sinn können Erzählungen trösten, erheitern, ermutigen, Hoffnungen erwecken, neue positive Lösungsmöglichkeiten eröffnen sowie zu Konfliktlösungen beitragen.

1. Januar

Begrüße das neue Jahr vertrauensvoll und ohne Vorurteile,
dann hast du es schon halb zum Freund gewonnen.
Novalis

2. Januar

Jeder Mensch hat die Chance,
mindestens einen Teil der Welt zu verbessern,
nämlich sich selbst.
Anton de Lagarde Paul

3. Januar

Der Gedanke ist der Anfang von allem.
Die Gedanken aber kann man lenken.
Deshalb ist die Hauptsache der Vervollkommnung,
seine Gedanken zu bearbeiten.
Tolstoi

4. Januar

Liebe ist gemeinsame Freude
an der wechselseitigen Unvollkommenheit.
Ludwig Börne

5. Januar

Wer sich heute freuen kann,
der sollte nicht warten bis morgen.
J. H. Pestalozzi

6. Januar

Das beste Mittel, jeden Tag gut zu beginnen, ist:
beim Erwachen daran zu denken,
ob man nicht wenigstens einem Menschen
an diesem Tag eine Freude machen könne.
Friedrich Nietzsche

7. Januar

Genügsamkeit macht reich.
Lao-tse

8. Januar

Du hast nur eine Chance in deinem Leben –
das Leben und die Menschen zu lieben.
Es gibt keinen anderen Weg zum Glück.
Wenn du dich dagegen sträubst,
diese Erkenntnis zu finden,
dann wird dein Leben unglücklich.
Peter Lauster

9. Januar

Nachdem sie ihren Zenith erreicht hat,
beginnt die Sonne sich zu senken.
Auch ein voller Mond
kann eine Verdunkelung erleiden.
Alle Dinge zwischen Himmel und Erde
erfahren Ebbe und Flut,
füllen und leeren sich zu ihrer Zeit.
Wie viel mehr muss dies dann auf den Menschen zutreffen!
I Ging

10. Januar

Kein anderer Mensch kann mir gehören,
wir können lediglich ein Stück des Lebensweges
gemeinsam gehen.
(Unbekannt)

11. Januar

Alles fließt und nichts dauert.
Du kannst nicht zweimal in den selben Fluss steigen,
denn anderes und immer anderes Wasser fließt dir zu.
Heraklit um 500 v. Chr.

12. Januar

Tun Sie gelegentlich etwas,
womit Sie wenig oder gar nichts verdienen.
Es zahlt sich aus!
Oliver Hassencamp

13. Januar

Schuld an allem Leid sind immer enttäuschte Erwartungen.
Unbekannt

14. Januar

Wenn der Wind des Wandels weht,
bauen die einen Schutzmauern,
die anderen bauen Windmühlen.
Aus China

15. Januar

Haarspalterei zersetzt den Charakter eines Menschen.
Ein Mensch,
der in kleinen Dingen nicht großzügig sein kann,
dem kann man auch keine wichtigen Aufgaben anvertrauen.
Konfuzius

16. Januar

Tradition heißt, das Feuer hüten
und nicht die Asche bewachen.
Tibetisches Sprichwort

17. Januar

Wenn ich mir dauernd sage und selbst einrede,
ich kann dies nicht und das nicht,
dann werde ich in der Tat dazu unfähig.
Oft versuche ich es dann gar nicht:
Wenn ich aber hingegen fest daran glaube
und darauf vertraue, ich würde es können,
dann erlange ich auch die Fähigkeit dazu,
auch wenn ich sie anfangs gar nicht hatte.

Mahatma Gandhi

18. Januar

Wir brauchen keine Tempel,
ebenso wenig brauchen wir komplizierte Philosophien.
Unser eigener Verstand, unser Herz, ist unser Tempel.
Meine Philosophie ist Freundlichkeit.

Dalai Lama

19. Januar

„Höre immer auf deine Instinkte, und sei dir bewusst, dass all die Antworten, die du jemals brauchst, in deinem Inneren sind. Nimm dir in Ruhe Zeit für dich allein. Sei still genug, um die Antworten immer zu finden, und höre dann darauf. Finde etwas, dass du gerne tust, dann lebe ein Leben, das dir dies zeigt. Deine Ziele sollten von deinen Werten stammen, und dann wird deine Arbeit deinen Herzenswunsch ausstrahlen. Dies wird dich von allen dummen Zerstreuungen ablenken, die nur dazu dienen, deine Zeit zu verschwenden – in deinem Leben geht es um Zeit – wie viel du hervorbringen kannst in soundso vielen Jahren, die dir gegeben sind. Sorge für Menschen", sagte er. „Und respektiere stets Mutter Erde. Wo immer du lebst, sorge dafür, dass du immer die Bäume, den Himmel und das Land siehst."

Bettie B. Youngs, aus:
Hühnersuppe für die Seele

20. Januar

Ein alter bewährter Freundeskreis ist unbezahlbar,
aber er reicht nicht aus,
wenn nicht frische Elemente gelegentlich hinzukommen.

Theodor Fontane

21. Januar

Immer, wenn ein Reich zugrunde geht,
wandern zuerst seine Weisen aus.
Lü-shih Ch'un Ch'iu

22. Januar

Ich kenne keinen sicheren Weg zum Erfolg,
nur einen zum sicheren Misserfolg –
es jedem recht machen zu wollen.
Plato

23. Januar

Die schönste Freude erlebt man immer da,
wo man sie am wenigsten erwartet.
Antoine de Saint-Exupéry

24. Januar

Tiefe Erkenntnis beginnt mit sich-öffnen,
und wirkliches Öffnen ist immer riskant.
Wenn wir etwas aufdecken
und dabei das Gefühl haben,
kein Risiko einzugehen,
dann ist das kein wirkliches Öffnen.
Joyce und Barry Vissel

25. Januar

Was noch ruhig ist, lässt sich leicht ergreifen.
Was noch nicht hervortritt, lässt sich leicht bedenken.
War noch zart ist, lässt sich leicht zerbrechen.
Was noch klein ist, lässt sich leicht zerstreuen.
Man muss wirken auf das, was noch nicht da ist.
Man muss ordnen, was noch nicht in Verwirrung ist.
Ein Baum von einem Klafter Umfang
entsteht aus einem haarfeinen Hälmchen.
Ein neun Stufen hoher Turm
entsteht aus einem Häufchen Erde.
Eine Tausend Meilen weite Reise
beginnt vor deinen Füßen.
Lao-tse

26. Januar

Es gehört oft mehr Mut dazu, seine Meinung zu ändern,
als ihr treu zu bleiben.
Friedrich Hebbel

27. Januar

Tue nie etwas halb, sonst verlierst du mehr,
als du je wieder einholen kannst.
Louis Armstrong

28. Januar

Humor und Geduld sind die Kamele,
mit denen ich durch die Wüste komme.
Phil Bosmans

29. Januar

Jeder sucht den Weg,
doch der Weg ist da, wo du gerade bist.
Du brauchst nur dieses Aufwachen,
dass du immer auf dem Weg bist.
Pumo Rosh

30. Januar

Der Liebende,
der von der Bestätigung eines Geliebten abhängig ist,
dessen Liebe ist wie eine Flamme,
die Öl zum Brennen braucht;
aber der Liebende,
der auf seinen eigenen Füßen steht,
ist wie die Sonne, die kein Öl braucht.
Hazrat Inayat Khan

31. Januar

Alle Menschen tragen ihren eigenen Arzt in sich.
Sie kommen zu uns, ohne diese Wahrheit zu kennen.
Wir sind dann am erfolgreichsten,
wenn wir dem Arzt, der in jedem Mensche steckt,
die Chance geben, in Funktion zu treten.
Albert Schweitzer

1. Februar

Es gibt nichts, das nicht wachsen würde,
wenn ihm seine rechte Pflege zuteil wird,
und es gibt nichts, das nicht in Verfall geriete,
wenn es der rechten Pflege entbehren muss.
Meng-Tse

2. Februar

Liebe zur Natur ist die einzige Liebe,
die menschliche Hoffnungen nicht enttäuscht.
Honoré de Balzac

3. Februar

Gehe aufrecht wie die Bäume.
Lebe dein Leben so stark wie die Berge.
Sei sanft wie der Frühlingswind.
Bewahre die Wärme der Sonne im Herzen,
und der Große Geist wird immer mit dir sein.
Weisheit der Navayo-Indianer

4. Februar

Es ist gar kein übler Monat, dieser Februar,
man muss ihn nur zu nehmen wissen.
Wilhelm Raabe

5. Februar

Wer über andere Leute Übles redet,
wie will der künftigem Leid entgehen?
Meng-Tse

6. Februar

Fallen ist weder gefährlich noch eine Schande,
liegen bleiben ist beides.
Konrad Adenauer

7. Februar

Wenn keiner weiß, was geschehen soll,
sagen alle, es muss etwas geschehen.
Helmut Qualtinger

8. Februar

Jeder Fehler erscheint unglaublich dumm,
wenn andere ihn begehen.
Georg Christoph Lichtenberg

9. Februar

Sprich ruhig und freundlich,
sei nicht vorschnell mit Meinungen oder Ratschlägen.
Wenn du zu viel sprichst,
macht dich das taub gegenüber dem,
was andere zu sagen haben.
Du solltest wissen,
dass es nur sehr wenige Menschen gibt,
die so weise sind,
dass sie von anderen nichts lernen können.
(Unbekannt)

10. Februar

Jeder Mensch nimmt die Farben seiner Umgebung an.
Aus China

11. Februar

Ein Mensch blickt in die Zeit zurück
und sieht: sein Unglück war sein Glück.
Eugen Roth

12. Februar

Wer Freunde ohne Fehler sucht, bleibt ohne Freund.
Orientalische Weisheit

13. Februar

Damit das Mögliche entsteht,
muss immer wieder das Unmögliche gewagt werden.
Hermann Hesse

14. Februar

Willst Du den Charakter eines Menschen erkennen,
so gib ihm Macht.
Abraham Lincoln

15. Februar

Wenn wir nicht länger in der Lage sind,
eine Situation zu ändern,
sind wir gefordert, uns selbst zu ändern.
Viktor Emil Frankl

16. Februar

Tue nichts, was dir nicht entspricht zu tun;
Wünsche nichts, was dir nicht entspricht zu wünschen.
Das ist es worauf es allein ankommt.
Meng-Tse

17. Februar

Jeder Tag soll und muss seinen Sinn haben,
und erhalten soll er ihn nicht vom Zufall,
sondern von mir.
Rainer Maria Rilke

18. Februar

An den Frühstückstisch treten
heißt ein neues Leben beginnen.
Peter Bamm

19. Februar

Wende dein Gesicht der Sonne zu,
dann fallen die Schatten hinter dich.
Afrikanisches Sprichwort

20. Februar

Wer nicht jeden Tag etwas für seine Gesundheit aufbringt,
der muss vielleicht eines Tages
viel Zeit für seine Krankheit opfern.
Sebastian Kneipp

21. Februar

Nimm, welche Lust du willst,
ihr Geheimnis, ihre Macht liegt darin,
dass sie absolut im Moment ist.
Soeren Kierkegaard

22. Februar

Die Menschen stürzen sich in Ungemach,
wenn sie als Lehrmeister
der anderen sich zu gebärden lieben.
Meng-Tse

23. Februar

Ein Geduldiger ist besser als ein Starker,
und wer sich selbst beherrscht,
besser als einer der Städte gewinnt.
Sprüche 16, 32

24. Februar

Das sind die Weisen,
die durch Irrtum zur Wahrheit reisen,
die bei dem Irrtum verharren,
das sind die Narren.
Friedrich Rückert

25. Februar

Ich gehe meinen Weg, und du gehst deinen Weg.
Ich lebe nicht in dieser Welt,
um deinen Erwartungen zu entsprechen,
und du lebst nicht in dieser Welt,
um den meinen zu entsprechen;
Ich bin ich, und du bist du.
Und wenn wir uns begegnen sollten -
ist es wunderschön.
Fritz Perls (Gestalt-Gebet)

26. Februar

Es ist leichter, eine Lüge zu glauben,
die man hundertmal gehört hat,
als eine Wahrheit,
die man noch nie gehört hat.
Lynd

27. Februar

Meistens belehrt uns der Verlust über den Wert der Dinge.
Arthur Schopenhauer

28. Februar

Manche Menschen sehen Dinge wie sie sind
und fragen: „Warum?"
Ich träume von Dingen, die es noch nie gegeben hat
und frage: „Warum nicht!"
Georg Bernhard Shaw

29. Februar

Die Zukunft gehört denen,
die an die Schönheit ihrer Träume glauben.
Eleanor Roosevelt

1. März

Denke gut, und die Gedanken werden zu Worten reifen,
die Worte aber – sie sind die Samen der Taten,
und niemand kann wissen, wie groß ihre Bedeutung wird.
Tolstoi

2. März

Woran du dein Herz hängst, das ist dein Gott.
Martin Luther

3. März

In dem Augenblick, in dem man sich endgültig einer Aufgabe
verschreibt, bewegt sich die Vorsehung auch. Alle möglichen
Dinge, die sonst nie geschehen wären, geschehen um einem zu
helfen. Ein ganzer Strom von Ereignissen wird in Gang gesetzt
durch die Entscheidung, und sorgt zu den eigenen Gunsten für
zahlreiche unvorhergesehene Zufälle, Begegnungen und materi-
ellen Hilfen, die sich kein Mensch vorher je erträumt haben
könnte. Was immer Du kannst, beginne es.
Johann Wolfgang Goethe

4. März

Man nehme doch jeden Menschen wie er ist und versuche,
aus dem, was er ist, das Allerbeste zu machen.
Rudolf Steiner

5. März

Vielleicht ist die Frage nicht so sehr, welchen Weg wir
einschlagen sollen. Vielleicht geht es in Wirklichkeit um uns, um
unsere Wahrnehmungen – um das, was wir auf dem Weg sehen,
riechen, berühren und fühlen, wie gut wir zuhören, wie wir
unsere Beziehung zum Weg definieren und was wir hinter uns
lassen wollen, während wir weitergehen.
John M. Perkins

6. März

Seien Sie kein Huhn
wenn Sie das Zeug zu einem Adler haben!
Archie Fire Lame Deer

7. März

Wer nicht handelt wird behandelt; notfalls vom Arzt.
(Unbekannt)

8. März

Sie handeln und wissen nicht, was sie tun;
sie haben ihre Gewohnheiten und sie wissen nicht, warum;
sie wandeln ihr ganzes Leben lang
und kennen doch nicht ihren Weg:
so sind sie, die Leute der Masse.
Meng-Tse

9. März

Deine Kinder sind nicht deine Kinder.
Sie kommen durch dich, aber nicht von dir,
und obwohl sie bei dir sind,
gehören sie dir nicht.
Du kannst ihnen deine Liebe geben,
aber nicht deine Gedanken,
denn sie haben ihre eigenen Gedanken.
Khalil Gibran

10. März

Es ist leicht,
jemanden um der Schönheit willen zu lieben,
aber die Prüfung besteht darin,
einen Menschen zu lieben trotz der Tatsache,
dass er die Erwartungen des anderen
nicht erfüllen kann.
Pir Vilayat Inayat Khan

11. März

Wenn du etwas weitersagen willst,
so seihe es zuvor durch drei Siebe:
Das erste lässt nur das Wahre hindurch,
das zweite lässt nur das Gute hindurch,
das dritte lässt nur das Notwendige hindurch.
Was durch alle drei Siebe hindurchging,
das magst du weitersagen.
Sokrates

12. März

Was nützt die Weisheit,
wenn man sie nicht ausnützen versteht;
Was nützt Hacke und Pflug,
wenn man nicht die Zeit abwartet.
Meng-Tse

13. März

Wer in die Höhe will, muss Ballast abwerfen.
Faulhaber

14. März

Glück und Segen sammeln sich dort, wo Stille herrscht.
Aus dem Buch des Gelben Kaisers

15. März

Wenn du deine Tür verschlossen
und dein Zimmer verdunkelt hast,
dann sag nie, du seiest allein,
denn du bist nicht allein,
sondern Gott ist in dir,
und dein eigener Geist ist in dir.
Epiktet

16. März

Am Ende der Reise wirst Du nicht gefragt:
Bist du ein Heiliger geworden
oder hast Du für das Heil der Menschen gekämpft?
Die einzige Frage, die Du beantworten musst,
ist die Frage: Bist Du Du selbst geworden?
Lao-tse

17. März

Mein Großvater sagte immer:
„Der weiße Mann hat Augen, aber er sieht nicht.
Er hat Ohren, aber er hört nicht zu.
Er berührt aber er fühlt nichts.
Doch du Takodscha, höre zu! .....
Höre mit deinem Herzen. Höre zu, so lange du lebst!"
Archie Fire Lame Deer

18. März

Wer immer nur sieht, was ihm das Leben verweigert hat,
wird nie sehen, was es ihm schenkt.
F. I. Romay

19. März

Die Versammlung der Gänse

Es war einst eine Schar von Gänsen, die auf einem Bauernhof lebte. An jedem siebten Tag der Woche versammelten sie sich, um dem Geschnatter eines Gänserichs zu lauschen. Dieser pflegte dann auf einem Zaun zu stehen, um mit ergreifenden Worten über das große Wunder des Gans-Seins zu philosophieren. Immer wieder spricht er von den herrlichen Zeiten, in denen die Gänse zu fliegen wagten und hierbei ganze Kontinente überquerten. Der Gänserich pries die Größe Gottes, der ihnen starke Flügel, Ausdauer, Kraft und einen guten Instinkt verlieh. Die Gänse sind jedes Mal tief beeindruckt, senken andächtig die Köpfe und legen ihre Flügel fest an ihre wohlgenährten Körper. Selbst auf dem Weg nach Hause sind sie noch tief ergriffen und loben die gute Predigt des Gänserichs. Das ist aber auch alles, denn sie wagen noch nicht einmal den Versuch zu fliegen, denn auf dem Hof ist es sicher und bequem und das Korn schmeckt gut.
Frei nach Soeren Kierkegaard,
aus: Überlebensgeschichten, Axel Kühner, Aussaat,

20. März

Was wäre das Leben,
hätten wir nicht den Mut, etwas zu riskieren.
Vincent van Gogh

21. März

Wie sehr sich die Welt auch verändern mag,
die menschliche Natur verändert sich nicht.
Ómine-san

22. März

Wir haben verlernt,
unsere Augen auf etwas ruhen zu lassen,
deshalb erkennen wir so wenig.
Jean Giono

23. März

Wenn alle Wege verstellt sind,
bleibt nur noch der nach oben.
Franz Werfel

24. März

Leben heißt nicht: alles erlebt haben müssen.
Leben heißt: als Apfelbaum Äpfel,
als Pflaumenbaum Pflaumen zur Reife zu bringen,
damit andere sie dann ernten können.
Kyrilla Spiecker

25. März

Unsere Ängste sind wie Zäune,
wir müssen sie überspringen
um neues Gelände zu entdecken.
E. J. Michael

26. März

Wir brauchen vier Umarmungen pro Tag, um zu überleben.
Wir brauchen acht Umarmungen pro Tag,
um uns wohl zu fühlen.
Und wir brauchen zwölf Umarmungen pro Tag, um zu wachsen.
Virginia Satir

27. März

Hüte dich, deinen treuesten Freund,
dich selbst, so zu vernachlässigen,
dass dieser treue Freund dir den Rücken kehre,
wenn du seiner am nötigsten bedarfst.
Adolph Freiherr von Knigge

28. März

Wer sich ärgert, büßt die Sünden anderer Leute.
Konrad Adenauer

29. März

Lebe fern von Verwandten und nah am Wasser.
Aus Indien

30. März

Umarmen ist .....

Umarmen ist gesund. Es stärkt das Immunsystem, heilt Depressionen, verringert Stress und erleichtert den Schlaf. Es ist belebend, verjüngend und hat keine unangenehmen Nebenwirkungen. Umarmen ist nichts geringeres als ein Wundermittel.

Umarmen ist vollkommen natürlich. Es ist biologisch-dynamisch, natursüß, ohne künstliche Zusatzstoffe, hinterlässt keinen Schmutz, ist umweltfreundlich und einhundert Prozent ganzheitlich.

Umarmen ist rundum praktisch, verbraucht keine Batterien, ist inflationssicher, macht nicht dick, erfordert keine monatlichen Zahlungen, ist diebstahlsicher und steuerfrei.

Jack Canfield, aus: Hühnersuppe für die Seele, Arkana, Seite 26

1. April

Betrachte einmal die Dinge von einer anderen Seite,
als du sie bisher sahst;
denn das heißt, ein neues Leben beginnen.
Mark Aurel

2. April

Wir verlangen, das Leben müsse einen Sinn haben,
aber es hat nur genau so viel Sinn,
als wir selber ihm zu geben imstande sind.
H. Hesse

3. April

Eine Krankheit erst zu behandeln,
nachdem sie ausgebrochen ist,
ist genauso dumm,
als würde man einen Brunnen graben,
wenn man schon durstig ist.
Nei Jing – Klassiker des Gelben Kaisers

4. April

Es gibt keine Grenzen, außer ich setze sie mir selber.
Ich habe jederzeit die Macht
meine selbstauferlegte Grenzen aufzuheben
Gerhard Müller

5. April

Was vor uns liegt und was hinter uns liegt,
sind Kleinigkeiten
im Vergleich zu dem, was in uns liegt.
Und wenn wir das was in uns liegt,
nach außen in die Welt tragen,
geschehen Wunder.
Henry David Thoreau

6. April

Nutze die Talente die du hast.
Die Wälder wären sehr still,
wenn nur die begabtesten Vögel sängen.
Henry van Dyke

7. April

Die Blinden und der Elefant

Einst wanderten eine Gruppe Blinder durch das Land, als plötzlich ein großes Hindernis ihnen den Weg versperrte. Sie fragten sich laut, was das wohl sei, worauf der Mahut ihnen antwortete: „dies ist ein Elefant." Neugierig begannen sie, das ihnen unbekannte Wesen zu ertasten. Der eine Blinde stand am Fuß, der zweite am Schwanz, der dritte am Bauch und der vierte am Rüssel des Elefanten.

Der erste der am Fuß stand sagte: „oh ein Elefant, der ist ganz dick, rund, und fest, so ähnlich wie ein Baumstamm."

Der zweite sagte: „du spinnst wohl, ein Elefant der ist ganz dünn und biegsam, so etwa wie eine Schlange.

Nun begann der dritte im Bunde, der den Bauch abtastete, zu schimpfen: „ihr Narren, der ist doch riesengroß, dick und rund wie ein Weinfass nur etwas weicher."

Worauf der Blinde, am Rüssel des Elefanten stehend, antwortete: „Wie könnt ihr euch denn so irren, der Elefant ist doch ganz weich und biegsam und hat die Form wie ein langes Rohr."

Auf ihrem weiteren Weg stritten sie noch lange darüber, wer denn nun recht habe. *Frei nach einer indischen Erzählung*

8. April

Was in ein Ohr geflüstert wird,
wird oft noch hundert Meilen entfernt gehört.
Chinesisches. Sprichwort

9. April

Liebe ist das einzige, was nicht weniger wird,
wenn wir es verschwenden.
Ricarda Huch

10. April

Nur wer für den Augenblick lebt, lebt für die Zukunft.
Heinrich Kleist

11. April

Die wirkliche Liebe beginnt,
wo keine Gegengabe mehr erwartet wird.
Antoine de Saint-Exupéry

12. April

Vertrauen ist eine Tugend.
Misstrauen geht immer aus Schwäche hervor.
Mahatma Gandhi

13. April

Die Erinnerung ist das einzige Paradies,
woraus wir nicht vertrieben werden können.
Jean Paul

14. April

Jeden Tag, wenn Du aufwachst, denke:
Heute habe ich Glück, denn ich bin aufgewacht, ich lebe.
Ich habe ein wertvolles menschliches Leben,
Ich werde es nicht vergeuden,
Ich werde alle Energien nützen, um mich zu entwickeln,
Um mein Herz zu erweitern gegenüber anderen,
Ich werde freundliche Gedanken hegen gegenüber anderen,
Ich werde anderen nutzen, so gut ich es kann.
Dalai Lama

15. April

Fließendes Wasser fault nicht,
in Türangeln geht kein Holzwurm,
denn sie bewegen sich.
Genau so geht es dem Menschen;
wer rastet der rostet.
(Unbekannt)

16. April

Nicht die Leistung zählt,
sondern der Erfolg, den man mit ihr erzielt.
Gerhard Uhlenbruck

17. April

Nichts schadet dem Körper so sehr, wie Sorgen zu haben.
Jemand, der Vertrauen in Gott hat, sollte sich schämen,
sich über irgendetwas, was auch immer es sein mag,
Sorgen zu machen.
Mahatma Gandhi

18. April

Die Tür zu neuen Möglichkeiten geht nur auf,
wenn man leicht dagegen drückt.
Will Rogers

19. April

2 Dinge trüben sich beim Kranken
a. der Urin
b. die Gedanken
Dass es nicht komme erst zum Knaxe,
erfand der Arzt die Prophylaxe.
Doch lieber beugt der Mensch, der Tor
sich vor der Krankheit – als ihr vor.
Geliebt, gelebt, geraucht, gesoffen
Und alles dann vom Doktor hoffen?
Eugen Roth

20. April

Glück entsteht oft durch Aufmerksamkeit in kleinen Dingen.
Unglück oft durch die Vernachlässigung kleiner Dinge.
Wilhelm Busch

21. April

Man darf das Schiff nicht an einen einzigen Anker
und das Leben nicht an eine einzige Hoffnung binden.
Epiktet

22. April

Wir hoffen immer,
und in allen Dingen ist es besser zu hoffen, als verzweifeln.
Wenn wir wieder zu echtem Gottvertrauen zurückkehren,
dann wird für Furcht kein Raum mehr in unserer Seele sein.
J. W. von Goethe

23. April

Es gibt nur einen Gott, Er ist allgegenwärtig.
Es gibt nur eine Religion, die Religion der Liebe.
Es gibt nur eine Familie, die Familie der Menschheit.
Es gibt nur eine Sprache, die Sprache des Herzens.
Sathya Sai Baba

24. April

Da es sehr förderlich ist für die Gesundheit,
habe ich beschlossen glücklich zu sein.
Voltaire

25. April

Betrügt der Mensch die Erde,
so wird die Erde auch ihn betrügen.
Chinesische Weisheit

26. April

Deine erste Pflicht ist, dich selbst glücklich zu machen.
Bist du glücklich, so machst du auch andere glücklich.
Ludwig A. Feuerbach

27. April

Vorurteile sind ein Blumenstrauß,
den man wenigstens von Zeit zu Zeit neu arrangieren sollte.
Luther Burbank

28. April

Mancher versäumt das kleine Glück,
während er vergeblich auf das große wartet.
Pearl S. Buck

29. April

Um ein Übel zu heilen, muss man es erkennen.
Antoine de Saint-Exupéry

30. April

Die gesamte Schöpfung existiert in dir,
und alles, was in dir ist, existiert auch in der Schöpfung.
Es gibt keine Grenze zwischen dir und einem Gegenstand,
der dir ganz nahe ist,
genauso wie es keine Entfernung zwischen dir
und sehr weit entfernten Gegenständen gibt.
Alle Dinge, die kleinsten und größten,
die niedrigsten und höchsten,
sind in dir vorhanden als ebenbürtig.
Khalil Gibran

1. Mai

Glück und Regenbogen sieht man nicht über dem eigenen Haus,
sondern über dem des Nachbarn.
Deutsches Sprichwort

2. Mai

Gewässer haben ihre Quellen,
Bäume ihre Wurzeln,
und Krankheiten ihre Ursachen!
Henry Weber

3. Mai

Leben heißt lieben

4. Mai

Erst am Ende unseres Lebens müssen wir uns eingestehen,
dass uns die am meisten genützt haben,
die uns die größten Hindernisse in den Weg gelegt haben.
Henry Weber

5. Mai

Es gibt mehr Dinge zwischen Himmel und Erde,
als Eure Schulweisheit sich träumen lässt.
Shakespeare

6. Mai

Könntet ihr doch Sonne und Wind mit mehr Haut
und weniger Stoff begegnen!
Denn im Sonnenlicht liegt der Atem des Lebens,
und im Wind die Hand des Lebens. ....
Und vergesst nicht, dass die Erde sich daran ergötzt,
eure bloßen Füße zu spüren,
und der Wind sich danach sehnt, mit eurem Haar zu spielen.
Khalil Gibran

7. Mai

Der Pessimist beklagt sich über den Riss in der Hose,
der Optimist freut sich über den Luftzug.
Edmond Jaloux

8. Mai

Denn mein Großvater hatte mir oft gesagt: „Takodscha, wann immer du dich traurig und einsam fühlst und nicht weißt, was du tun sollst, lege dich ins Gras und lass dir von Großmutter Erde Stärke und Macht geben." Ich weiß nicht, wie lange ich auf diesem Hügel blieb, doch als ich schließlich wegging, war ich von neuer Kraft erfüllt.

Archie Fire Lame Deer

9. Mai

Jeder ist seines Glückes Schmied.
Der römische Geschichtsschreiber Sallust

10. Mai

Wenn man der Natur mit Ehrfurcht gegenüber tritt,
offenbart sie ihre Geheimnisse.
Dr. Roman Vishniac

11. Mai

Das Glück erkennt man nicht mit dem Kopf,
sondern mit dem Herzen.
Aus Norwegen

12. Mai

Was glückliche Menschen von weniger glücklichen unterscheidet,
hat immer mit Einstellungen und Überzeugungen zu tun,
also damit, was diese Menschen über sich und die Welt glauben.
Ralph Hannes

13. Mai

Unsere eigene mentale Einstellung
macht aus der Welt das, wie wir sie sehen.
Unsere Gedanken machen Dinge schön,
unsere Gedanken machen Dinge hässlich.
Die ganze Welt ist in unserem Geist.
Lerne Dinge in ihrem wahren Licht zu sehen.
Zuerst glaube an diese Welt und daran,
dass es einen Sinn und eine Bedeutung hinter allem gibt.
Swami Vivekananda

14. Mai

Das Schauspiel der Natur ist immer schön.
Aristoteles

15. Mai

Vergangenheit ist Geschichte,
Zukunft ist ein Geheimnis,
und jeder Augenblick ist ein Geschenk.
Ina Deter

16. Mai

Ich höre und vergesse.
Ich sehe und erinnere.
Ich tue und verstehe.
Chinesische Weisheit

17. Mai

„Wenn wir Schmerzen haben,
Verspannungen und Bewegungseinschränkungen im Körper,
im Geist und in der Seele, dann kann das ein Zeichen sein.
Ein Zeichen dafür, dass wir durch das,
was wir bisher gelernt haben,
Einschränkungen im Bewegen,
Denken, Fühlen und Handeln erleben.
Daran können wir selbst etwas ändern."
Moshé Feldenkrais

18. Mai

Heute ist der Tag, um glücklich zu sein!
Gestern: schon vorbei!
Morgen: kommt erst noch.
Heute: der einzige Tag, den du in der Hand hast.
Mach daraus deinen besten Tag!
Phil Bosmans

19. Mai

Jeder ist einzigartig.
Vergleiche dich nicht mit anderen,
damit du nicht Gottes Plan durcheinander bringst.
Baal Sem Tor

20. Mai

Die Zeit vergeht nicht schneller als früher,
aber wir laufen eiliger an ihr vorbei.
George Orwell

21. Mai

Sorge dich nicht, wohin dich der einzelne Schritt führt:
Nur wer weit blickt, findet sich zurecht.
Dag Hammarskjöld

22. Mai

Trenne dich nie von deinen Träumen,
wenn sie verschwunden sind,
wirst du weiter existieren,
aber aufgehört haben zu leben.
Mark Twain

23. Mai

Damit die Magie von uns Besitz ergreifen kann,
brauchen wir nichts anderes zu tun,
als unsere Zweifel aus unserem Denken zu verbannen.
Sind die Zweifel beseitigt, ist alles möglich.
Aus: Die Kraft der Stille, Carlos Castaneda

24. Mai

Ein Mann entschloss sich, einen Blumengarten anzulegen. Er
bereitete den Boden vor und pflanzte die Samen vieler
wunderschöner Blumen ein. Doch als sie aufgingen, füllte sich
sein Garten nicht nur mit seinen ausgewählten Blumen, sondern
überall wucherte Löwenzahn. Er suchte Rat bei allen möglichen
anderen Gärtnern und probierte alle bekannten Methoden aus,
um den Löwenzahn loszuwerden, aber ohne Erfolg. Schließlich
ging er den ganzen Weg bis zur Hauptstadt, um beim Hofgärtner
am Palast vorzusprechen. Der weise alte Mann hatte schon viele
Gärtner beraten und schlug eine Vielzahl von Mitteln vor, um den
Löwenzahn auszurotten, aber der Mann hatte sie schon alle
ausprobiert. Eine Weile saßen sie schweigend zusammen, bis am
Ende der Weise den Mann anschaute und sagte: „Nun, dann
schlage ich vor, du lernst den Löwenzahn zu lieben.
(Unbekannt)"

25. Mai

Die göttliche Kraft wirkt, indem man sich ihr vollends anvertraut.
(Unbekannt)

26. Mai

Ich reise nur auf Pfaden,
auf denen ich einem Herz begegne,
und auf jedem Pfad,
der ein Herz hat.
Carlos Castaneda

27. Mai

Ungeduld ist nie angebracht,
denn alles, was sich leicht erschaffen lässt,
ist meist nicht von Dauer.
Beginne mit dem Erbauen von soliden Grundmauern,
arbeite langsam und sicher,
voller Freude und Hoffnung.
Weisheit aus dem Buddhismus

28. Mai

Wir sind nicht nur verantwortlich für das, was wir tun,
sondern auch für das, was wir nicht tun.
Jean Baptiste Molière

29. Mai

Reifwerden ist Loskommen von all dem Ballast
unwesentlichen Tuns und Redens ...
Hans Bürki

30. Mai

Man muss das Glück unterwegs suchen,
sonst ist die Reise zu Ende.
József von Eötvös

31. Mai

Wer dem Großen in sich folgt, wird groß;
Wer dem Kleinen in sich folgt, wird klein.
Meng-Tse

1. Juni

Man kann nicht auf dem Meere fahren,
ohne zu wissen wohin,
und ebenso wenig kann man leben und sein Leben schaffen,
ohne zu wissen wozu.
Tolstoi

2. Juni

Gewohnheiten sind wie ein bequemes Bett:
Es ist leicht, sich darin zu betten,
aber schwer, wieder herauszukommen.
Aus: Der Lebensfreude Kalender 2004, PAL Verlag

3. Juni

Man bleibe sich bewusst,
dass jeder eigentlich nur den gegenwärtigen Augenblick lebt.
Denn alles übrige ist entweder durchlebt oder in Dunkel gehüllt.
Mark Aurel

4. Juni

Angst klopfte an die Tür, Vertrauen öffnete
und niemand war draußen.
Chinesische Weisheit

5. Juni

Wenn das Leben keine Vision hat,
nach der man strebt,
nach der man sich sehnt,
die man verwirklichen möchte,
dann gibt es auch kein Motiv sich anzustrengen.
Erich Fromm

6. Juni

Wer im Leben kein Ziel hat, verläuft sich.
A. Lincoln

7. Juni

All denen geht es gut, welche wissen, dass alles gut ist.
Wenn die Menschen wüssten, dass es ihnen gut geht,
dann würde es ihnen gut gehen;
aber solange sie nicht wissen, dass es ihnen gut geht,
wird es ihnen schlecht gehen.
Fjodor M. Dostojewski

8. Juni

Unsere Gedanken sind real,
sie sind lebendig, haben Kraft und Macht.
Der Gedanke ist der Vorläufer der physischen Realität.
Innere Gedanken schaffen äußere Realität.
Unsere Gedanken sind schöpferisch.
(Unbekannt)

9. Juni

Alle Menschen tragen ihren eigenen Arzt in sich. Sie kommen zu
uns, ohne diese Wahrheit zu kennen. Wir sind dann am
erfolgreichsten, wenn wir dem Arzt, der in jedem Mensche steckt,
die Chance geben, in Funktion zu treten.
Albert Schweitzer

10. Juni

Gib jedem Tag die Chance,
der schönste deines Lebens zu werden.
Mark Twain

11. Juni

Wir müssen uns daran gewöhnen:
An den wichtigsten Scheidewegen unseres Lebens
stehen keine Wegweiser.
Ernest Hemingway

12. Juni

Ein mächtiger Baum wächst aus einem kleinen Spross.
Ein neunstöckiger Turm beginnt mit einem Häufchen Erde.
Eine Reise von tausend Meilen beginnt mit einem Schritt.
Lao-tse

13. Juni

Betrachte deinen Feind,
als wäre er dein großer Meister,
denn von ihm wirst du mit Sicherheit sehr viel lernen können.
Dalai Lama

14. Juni

Weise ist der Mensch,
der nicht den Dingen nachtrauert,
die er nicht besitzt,
sondern sich der Dinge erfreut,
die er hat.
Epiktet

15. Juni

Wir tun uns nicht immer leicht mit der Liebe. Bequemlichkeit, Gedankenlosigkeit, Reserviertheit, auch Angst vor Blößen hindern uns oft, Liebe entgegenzunehmen oder zu schenken. Obwohl wir spüren, dass sie im Letzten das Maß aller Werte ist. Wir sind aufgerufen, aus vollem Herzen zu leben, und das heißt auch, aus vollem Herzen zu lieben. Jeden Tag neu.
Helmut Walch

16. Juni

Wenn wir wüssten, dass wir heute Abend blind werden,
dann würden wir einen sehnsüchtigen Blick,
einen wahren letzten Blick auf jeden Grashalm,
jede Wolkenformation, jedes Staubkorn, jeden Regenbogen,
jeden Regentropfen werfen- eben auf alles."
Pema Chödrön

17. Juni

Kann ich den Feind nicht auch dadurch vernichten,
dass ich ihn zum Freund mache?
Abraham Lincoln

18. Juni

Ohne Hell gibt es kein Dunkel, ohne Glück kein Leid
und jede Nacht muss morgens der Sonne Platz machen.
(Unbekannt)

19. Juni

Wer eine Treppe hinauf will,
muss mit der untersten Stufe anfangen.
Blaise Pascal

20. Juni

Niemand kann dich ohne dein Einverständnis dazu bringen,
dich minderwertig zu fühlen.
Eleanor Roosevelt

21. Juni

Wer an das Gute im Menschen glaubt,
bewirkt das Gute im Menschen.
Jean Paul

22. Juni

Eine Freude, die von außen kommt,
wird uns auch wieder verlassen.
Jene anderen Werte aber, die im Innern wurzeln,
sind zuverlässig und dauernd.
Seneca

23. Juni

Es gehört auch zur Lebensklugheit,
dass wir uns nicht dauernd mit Menschen vergleichen,
die glücklicher sind als wir.
Sigrid Undset

24. Juni

Weich ist stärker als hart,
Wasser stärker als Fels, Liebe stärker als Gewalt.
Hermann Hesse

25. Juni

Ein Reisender kommt zu einer Baustelle, an der viele Männer emsig arbeiten. Es werden Steine behauen und transportiert, es wird Mörtel angemischt, die Männer schwitzen, es geht laut zu und die Luft ist staubig.

Der Reisende fragt einen der Männer: „Was machen Sie denn da?" Missmutig wischte sich der Arbeiter den Schweiß aus der Stirn und antwortete: „Ich muss hier Steine klopfen!"

Ein paar Meter weiter fragte der Reisende den nächsten Arbeiter was er hier macht. Ohne innezuhalten gab er zur Antwort: „Ich schleppe hier Tag ein und aus Steine herum."

Als der Reisende, ein paar Schritte weiter, einem dritten Arbeiter die gleiche Frage stellte, hielt dieser kurz inne, blickte fasziniert und mit leuchtenden Augen zu dem Fremden und antwortete: „Ich erbaue hier eine Kathedrale."
(Unbekannt)

26 Juni

Behandele die Erde gut,
sie wurde euch nicht geschenkt von euren Eltern,
sie ist eine Leihgabe eurer Kinder.
Wir haben sie nicht von unseren Vorfahren geerbt,
sondern von unseren Nachfahren geborgt.
Chinesische Weisheit

27. Juni

Es kommt nicht so sehr darauf an,
dem Leben mehr Jahre zu geben,
sondern den Jahren mehr Leben."
(Unbekannt)

28. Juni

Persönlichkeit haben heißt
die tausend Irrtümer eingestehen,
die man im Laufe des Lebens gemacht hat.
Alexander Mitscherlich

29. Juni

Lerne alt zu werden mit einem jungen Herzen.
Das ist die Kunst.
Johann Wolfgang von Goethe

30. Juni

Jahre runzeln die Haut –
den Enthusiasmus aufzugeben runzelt die Seele.
Albert Schweitzer

1. Juli

Das Fernsehen sorgt dafür,
dass man in seinem Wohnzimmer von Leuten unterhalten wird,
die man nie einladen würde.
Shirley McLaine

2. Juli

Was nützen dir Liebe, Glück, Bildung und Reichtum,
wenn du dir nicht die Zeit nimmst, sie in Muße zu genießen?
Alexander von Gleichen-Russwurm

3. Juli

Zufriedenheit ist der Stein des Weisen.
Zufriedenheit wandelt in Gold, was immer sie berührt.
Benjamin Franklin

4. Juli

Sommer ist die Zeit in der es zu heiß ist,
um das zu tun,
wozu es im Winter zu kalt war.
Mark Twain

5. Juli

Ein wahrhaft großer Mensch wird weder einen Wurm zertreten,
noch vor dem Kaiser kriechen.
Benjamin Franklin

6. Juli

Ändere deine Gedanken und du wirst die Bedingungen,
in denen du lebst, ändern.
Da nur du allein für diene Gedanken verantwortlich bist,
so kannst nur du allein sie ändern.
Paramahansa Yogananda

7. Juli

Wer den Hafen nicht kennt, in den er segeln will,
für den ist kein Wind der richtige.
Seneca

8. Juli

...für jedes Geschehen unter dem Himmel
gibt es eine bestimmte Zeit:
eine Zeit zum Gebären und eine Zeit zum Sterben,
eine Zeit zum Pflanzen
und eine Zeit zum Abernten der Pflanzen...
Kohelet 3, 1 ff

9. Juli

Nichts ist so stark wie eine Idee, deren Zeit gekommen ist.
Victor Hugo

10. Juli

Ich glaube, dass die latenten Fähigkeiten eines jeden von uns
beträchtlich größer sind als die, mit denen wir leben.
Moshé Feldenkrais

11. Juli

Wer krank ist hat meist nichts zu lachen.
Dies sollte er aber.
Lachen ist die beste Medizin
und dazu noch frei von schädlichen Nebenwirkungen.
Lesen Sie Bücher, oder sehen Sie sich Filme an,
die zum Lachen anregen, täglich, stundenlang.
(Unbekannt)

12. Juli

Jeder Augenblick ist flüchtig und vergänglich.
Der vergangene Augenblick kann nicht bewahrt werden,
wie schön er auch gewesen sein mag.
Der zukünftige Augenblick kann nicht eingefangen werden,
wie erstrebenswert er auch sein mag.
Doch der Geist will dem Fluss der Zeit
unbedingt Einhalt gebieten.
Gefangen an die Erinnerung der Vergangenheit
und übervoll von Wunschvorstellungen für die Zukunft,
ist er blind für die Wahrheit des gegenwärtigen Moments.
Wer den Geist befreien kann,
wird das TAO zu seinen Füßen entdecken
und die Klarheit ist zum Greifen nah.
Lao-tse

13. Juli

Fange nie an aufzuhören.
Höre nie auf anzufangen.
Friedrich Hebbel

14. Juli

Sei dankbar dass du nicht alles hast, was du dir wünschst;
sonst gäbe es nichts mehr, auf das du dich freuen könntest.
Sei dankbar dass du nicht alles weißt;
das gibt dir die Chance, zu lernen.
Sei dankbar für deine Fehler; sie sind wertvolle Lehrmeister.
Sei dankbar für alle Herausforderungen;
sie stärken deinen Charakter und deine Fähigkeiten.
Aus: Der Lebensfreude – Kalender 2004, PAL Verlag

15. Juli

Beginne Pläne für ein schwieriges Vorhaben dann zu schmieden,
bevor es schwierig wird.
Erreiche etwas Großes,
indem du es beginnst, wenn es klein ist.
Denn jemand, der einen Berg versetzen will,
beginnt damit, die kleinen Steine wegzuräumen.
Lao-tse

16. Juli

Zufriedenheit ist der Weg,
der zum Seelenfrieden hinleiten kann,
aber auch schon unterwegs schöne Blumen
und gute Früchte hervorbringen wird.
Hans Thoma

17. Juli

Der Optimist sieht in jeder Gefahr eine Chance.
Der Pessimist sieht in jeder Chance eine Gefahr.
Winston Churchill

18. Juli

Das Geheimnis der Zufriedenheit liegt darin,
für das Geschenk des Leben dankbar zu sein.
Ernst Ferstl

19. Juli

Je länger der Mensch Kind bleibt, desto älter wird er.
Novalis

20. Juli

Das Glück beruht oft nur auf dem Entschluss,
glücklich zu sein.
Lawrence Durrell

21 Juli

Wenn der Bauer das Land vergisst, dem er seine Existenz verdankt, und nur noch seinen Eigennutz im Sinn hat, wenn der Verbraucher nicht mehr zwischen lebendiger Nahrung und solcher, die nur sättigt, unterscheiden kann, wenn der Beamte auf den Bauern herabschaut und die Industriellen die Natur verhöhnen, dann wird die Erde darauf mit ihrem Tod reagieren.
Masanobu Fukuoka, Rückkehr zur Natur S. 33, pala-verlag

22. Juli

Wenn Verstand und Herz sich nicht trennen,
altert der innere Mensch nie.
Friedrich Maximilian Klinger

23. Juli

Du kannst nicht entscheiden,
wie und wann du stirbst.
Du kannst nur entscheiden,
wie und wann du lebst. Jetzt!
Joan Baez

24. Juli

Ich weiß überall in der großen Lebenswüste
irgendeine schöne Oase zu entdecken.
Heinrich Heine

25. Juli

Es genügt nicht, ein anständiger Mensch zu sein.
Man muss es auch zeigen.
Honoré de Balzac

26. Juli

Solange wir uns selbst nicht mögen, mag uns die Welt nicht.
Andrew Matthews

27. Juli

Das Leben ist nur öd für den,
dem alles gleich.
Friedrich von Schiller

28. Juli

Nicht der Mensch hat am meisten gelebt,
welcher die höchsten Jahre zählt,
sondern derjenige,
welcher sein Leben am meisten empfunden hat.
Jean-Baptiste Rousseau

29. Juli

Wer auf den idealen Augenblick wartet,
wird nicht von der Stelle kommen,
um den nächsten Schritt zu tun,
bedarf es einer Prise Verrücktheit.
Paulo Coelho

30. Juli

Die Kinder kennen weder Vergangenheit noch Zukunft,
und – was uns Erwachsenen kaum passiert –
sie genießen die Gegenwart.
Jean de la Bruyère

31. Juli

Nicht da ist man daheim, wo man seinen Wohnsitz hat,
sondern wo man verstanden wird.
Christian Morgenstern

1. August

Alle Dinge sind möglich, dem der glaubt.
Markus Evangelium

2. August

Gebt den Leuten mehr Schlaf,
sie werden wacher sein, wenn sie wach sind
Kurt Tucholsky

3. August

Pflicht ohne Liebe macht verdrießlich.
Verantwortung ohne Liebe macht rücksichtslos.
Gerechtigkeit ohne Liebe macht hart.
Wahrheit ohne Liebe macht kritiksüchtig.
Klugheit ohne Liebe macht gerissen.
Freundlichkeit ohne Liebe macht heuchlerisch.
Ordnung ohne Liebe macht kleinlich.
Sachkenntnis ohne Liebe macht rechthaberisch.
Macht ohne Liebe macht gewalttätig.
Ehre ohne Liebe macht hochmütig.
Besitz ohne Liebe macht geizig.
Glaube ohne Liebe macht fanatisch.
Lao-tse

4. August

Der Kluge lernt aus seinen Fehlern,
der Weise lernt aus den Fehlern der anderen
und der Narr lernt weder aus dem einen noch aus dem anderen.
Weisheit

5. August

Indem Sie entdecken, welche Tätigkeiten Sie von ganzem Herzen
lieben, findet sich auch ein Weg dies zu erreichen.
(Unbekannt)

6. August

Wer das Glück auf dem falschen Weg sucht,
kann es nicht finden.
Gerhard Müller

7. August

Hauptsache ist,
dass du bist, was du denkst,
dass du wirst, was du denkst,
und dass Realität wird, was du denkst.
Peter Caddy

8. August

Werde nie zornig,
sonst könntest du an einem einzigen Tag all das Holz verbrennen,
das du in vielen mühseligen Wochen gesammelt hast,
sonst könntest du an einem einzigen Tag
eine Freundschaft zerstören,
die du über Jahre aufgebaut hast.
Mencius (Meng Tzu)

9. August

Zeig mir einen glücklichen, undankbaren Menschen.
Zig Ziglar

10. August

Wenn du wissen willst, wie deine Gedanken gestern waren,
dann schau dir heute deinen Körper an.
Wenn du wissen willst, wie dein Körper morgen aussieht,
schau dir deine Gedanken von heute an.
Indisches Sprichwort

11. August

Die meisten Menschen können ihre Wünsche nicht verwirklichen,
weil sie ihre Gedanken nicht beherrschen.
Gedanken die wir nicht los werden, werden unser Los.
Kurt Tepperwein

12. August

Ich glaube von ganzem Herzen,
dass Frieden auf Erden sein wird,
Wenn jeder die Verantwortung dafür übernimmt,
jedem – auch sich selber – vollständig zu verzeihen.
Gerhard Jampolsky

13. August

Das Geheimnis des Glücks liegt darin,
gern zu tun, was man ohnehin tun muss.
Aldous Huxley

14. August

Am Neste kann man sehen, was für ein Vogel darin wohnt.
Sprichwort

15. August

Der Glaube ist wie die Liebe; er lässt sich nicht erzwingen.
Arthur Schopenhauer

16. August

Wie die Sonne nicht auf Lob und Bitten wartet,
um aufzugehen, sondern eben leuchtet
und von der ganzen Welt begrüßt wird,
so darfst auch du weder Schmeichelei noch Beifall brauchen,
um Gutes zu tun.
Aus dir selbst heraus musst du es tun:
Dann wirst du wie die Sonne geliebt werden.
Epiktet

17. August

Heiraten, eine Familie gründen,
alle Kinder, welche kommen, hinnehmen,
in dieser unsicheren Welt erhalten
und gar noch ein wenig zu führen,
ist meiner Überzeugung nach das Äußerste,
was einem Menschen überhaupt gelingen kann.
Franz Kafka

18. August

Die Dummen haben das Pulver nicht erfunden,
aber sie schießen damit.
Gerhard Uhlenbruch

19. August

Es hört doch jeder nur, was er versteht.
Johann Wolfgang von Goethe

20. August

Die Welt ist voll von Leuten,
die Wasser predigen und Wein trinken.
Giovanni Guareschi

21. August

Die Leuchte des Geistes ohne die Wärme des Herzens
wird oft zum Irrlicht.
Peter Sirius

22. August

Lass dir von keinem sagen, wo deine Grenzen sind.
Christopher Reeve

23. August

Lass dir von keinem Fuhrmann imponieren, der dir erzählt:
„Lieber Freund, das mache ich schon seit zwanzig Jahren so!"
Man kann eine Sache auch zwanzig Jahre lang falsch machen.
Kurt Tucholsky

24. August

Je größer die Intelligenz,
desto verheerender
kann ihre Dummheit ins Kraut schießen.
Günter Grass

25. August

Der Mensch der nichts riskiert,
tut nichts, hat nichts, ist nichts und wird nichts.
Er vermeidet vielleicht Leiden und Pein,
aber er kann nicht lernen und fühlen,
sich verändern und wachsen, lieben und leben.
Er verwirkt seine Freiheit.
Nur ein Mensch, der wagt, ist wahrhaft frei.
Anonym Hühnersuppe S. 138 Jack Canfield und Mark V. Hansen

26. August

Ein guter Koch ist ein guter Arzt.
Sprichwort

27. August

Wahrheit ist der Name,
den wir unseren wechselnden Irrtümern geben.
Rabindranath Tagore

28. August

Ein Weiser lebt sein Leben, indem er handelt,
und nicht indem er über das Handeln nachdenkt.
Carlos Castaneda

29. August

Unter einem Kompromiss versteht man die Kunst,
einen Braten so aufzuteilen, dass jeder glaubt,
er habe das beste und größte Stück bekommen.
Paul-Henri Spaak

30. August

Unser Leben ist so, wie unsere Gedanken es formen.
Marc Aurel

31. August

Zwei Ziele gibt es im Leben:
erstens, das zu bekommen, was man wünscht,
und danach, es zu genießen.
Nur den Klügsten der Menschheit gelingt letzteres.
Logan P. Smith

1. September

Das Gestern ist nichts als ein Traum,
Das Morgen ist nur eine Vision.
Aber der heutige Tag, gut gelebt,
Macht jedes Gestern zu einem Traum von Glückseligkeit,
Und jedes Morgen zu einer Vision von Hoffnung.
Tibetanische Weisheit

2. September

Alle Lebewesen außer dem Menschen wissen,
dass der Hauptzweck des Lebens darin besteht,
es zu genießen.
Samuel Butler

3. September

Wer kann was Dummes, wer was Kluges denken,
das nicht die Vorwelt schon gedacht?
Goethe

4. September

Wer überlegt, was in zehn Jahren wird sein,
der geht sicher am Leben vorbei....
Ich hab mir früher immer Sorgen gemacht,
mich hat die Zukunft um die Gegenwart gebracht.
Peter Cornelius

5. September

Wenn das Leben keine Vision hat,
nach der man strebt, nach der man sich sehnt,
die man verwirklichen möchte,
dann gibt es auch kein Motiv sich anzustrengen.
Erich Fromm

6. September

Gelehrte sind nicht weise, und Weise sind nicht gelehrt.
Lao-tse

7. September

Genau genommen,
leben sehr wenige Menschen in der Gegenwart.
Die meisten bereiten sich vor, demnächst zu leben.
Jonathan Swift

8. September

Wenn nicht geschehen wird, was wir wollen,
so wird geschehen, was für uns besser ist.
Martin Luther

9. September

Wer immer nur sieht, was ihm das Leben verweigert hat,
wird nie sehen, was es ihm schenkt.
F. I. Romay

10. September

Das Böse in der Welt lebt nicht durch die, die Böses tun,
sondern durch die, die Böses dulden.
Carl Zuckmayer

11. September

Schweigen hat seine Zeit, Reden hat seine Zeit.
Paulo Coelho

12. September

Erfolg
Wenn wir an Scheitern denken,
so scheitern wir.
Wenn wir unentschlossen bleiben,
bleibt alles beim alten.
Wir müssen Großes vollbringen wollen
Und es einfach tun.
Niemals denkt an Misserfolg.
Denn so wie wir jetzt denken,
erfüllt sich alles.
Maharishi Mahesh Yogi

13. September

Wenn auch einmal eine Hoffnung nicht in Erfüllung geht,
ist dies noch lange keine Katastrophe,
denn das Leben mit seinen vielen Möglichkeiten und Chancen
geht weiter und andere Wünsch können sich erfüllen.
(Unbekannt)

14. September

Jeder Schritt ist ein Schritt zum Ziel,
das gilt auch für Rückschritte.
Ernst Jünger

15. September

Demokratie darf nicht so weit gehen,
dass in der Familie darüber abgestimmt wird,
wer der Vater ist.
Willy Brandt

16. September

Euer Körper ist die Harfe, auf der eure Seele spielt,
und es liegt an euch, ob er liebliche Musik
oder wirre Töne hervorbringt.
Khalil Gibran, Der Prophet

17. September

Bis du deinen Weg gefunden hast,
wanderst du durch die Welt,
mit einem wunderschönen Buddha,
der gänzlich eingewickelt ist.
Wie in einen Bündel Lumpen.
Du hast diesen wertvollen Buddha.
Wickle ihn aus, schnell!
Buddha Shakyamuni

18. September

Die wahren Lebenskünstler sind bereits glücklich,
wenn sie nicht unglücklich sind.
Jean Anouilh

19. September

Wer es kann, der tut es. Wer es nicht kann, der lehrt es.
George Bernard Shaw

20. September

Der Geist, der allen Dingen Leben verleiht, ist die Liebe
Tschu-Li

21. September

Vergangenheit ist Geschichte,
Zukunft ist ein Geheimnis,
und jeder Augenblick ist ein Geschenk.
Ina Deter

22. September

Was aus Liebe getan wird,
geschieht immer jenseits von Gut und Böse.
Friedrich Nietzsche

23. September

Wenn du zu nahe vor einer Sache, vor einem Problem stehst,
siehst du die Zusammenhänge nicht klar genug.
Deshalb halte Distanz!
Henry Weber

24. September

Konzentriere dich in deinem kurzen Leben auf wesentliche Dinge
und lebe mit dir und der Welt in Frieden.
Sorge dafür, dass die Menschen dich lieben, solange du lebst.
Bald werden wir den letzten Atemzug tun;
solange wir aber atmen, solange wir unter Menschen weilen,
wollen wir uns Menschlichkeit zur Pflicht machen.
Seneca

25. September

Forsche nicht, was morgen sein wird.
Horaz

26. September

Wer zufrieden ist, ist Reich.
Lao-tse

27. September

Alle Tiere, außer den Nachttieren,
gehen sehr zeitig zur, Ruhe,
nur der Mensch unseres nervösen Zeitalters nicht.
Henry Weber

28. September

Möge Gott Dir viele Lebensjahre gewähren.
Er weiß ganz bestimmt, dass die Erde zu wenig Engel hat
und der Himmel überlaufen ist...
Irischer Segenswunsch

29. September

Ich sorge mich nie um die Zukunft. Sie kommt früh genug.
Albert Einstein

30. September

Einen Tag ungestört in Muße zu verleben,
heißt einen Tag lang ein Unsterblicher zu sein.
Chinesisches Sprichwort

1. Oktober

Es ist Herbst und die Blätter färben sich, fallen schließlich von den Ästen und liegen zu den Füßen des Baumes. Dort zersetzen sie sich langsam im Laufe der Monate in ihre Bestandteile, die durch den Schnee und den Regen in den Boden zu den Wurzeln gelangen und so den Baum nähren. Der Herbst hat nicht ihren Tod bedeutet, sondern ihre Verwandlung von Blättern zu Nahrung und so wird ein Teil von ihnen im nächsten Frühling wieder zum Blatt, zur Blüte, zur Frucht. Die Jahreszeiten mit ihren Metamorphosen sind für uns selbstverständlich, genauso selbstverständlich ist auch der Wandel, dem wir unterliegen.
Aus „Fernöstliche Weisheiten", tosa- Verlag

2. Oktober

Ich wollte, man finge damit an, sich selbst zu achten:
Alles andere folgt daraus.
Friederich Nietzsche

3. Oktober

Man kann alle Leute
eine zeitlang zum Narren halten,
und man kann auch einige Leute
die ganze Zeit zum Narren halten,
aber man kann nicht alle Leute
die ganze Zeit zum Narren halten.
Abraham Lincoln

4. Oktober

Der Weise betrachtet Himmel und Erde und alles,
was sich dazwischen befindet, als eine große Einheit;
er betrachtet alle Menschen unter dem Himmel,
seien sie nah oder fern, als seine Brüder,
da er weiß, dass wir alle derselben Quelle entspringen.
Yen Yüan

5. Oktober

Lehre mich,
an anderen Menschen unerwartete Talente zu entdecken,
und verleihe mir, o Herr, die schöne Gabe,
sie auch zu erwähnen.
Theresia von Avila

6. Oktober

Lehre mich die wunderbare Weisheit,
dass ich mich irren kann.
Theresia von Avila

7. Oktober

Erlöse mich von der großen Leidenschaft,
die Angelegenheiten anderer ordnen zu wollen.
Theresia von Avila

8. Oktober

Die Kunst des Wartens besteht darin,
anstatt sie verloren zu geben,
seinem Leben hinzuzugewinnen.
Peter Bamm

9. Oktober

Mit wem du gelacht hast, kannst du vielleicht vergessen,
mit wem du geweint hast, nie.
Aus Arabien

10. Oktober

Wer etwas tun will, findet einen Weg,
wer etwas nicht tun will, eine Entschuldigung.
Sokrates

11. Oktober

Wie viele Freuden werden zertreten,
weil die Menschen meist nur in die Höhe gucken,
und was zu ihren Füßen liegt, nicht achten.
Frau Rat Goethe

12. Oktober

Die Arbeit läuft dir nicht davon,
wenn du deinem Kind den Regenbogen zeigst.
Aber der Regenbogen wartet nicht,
bis du mit der Arbeit fertig bist!
Aus China

13. Oktober

Wer ohne Narrheit lebt, ist nicht so weise, wie er glaubt.
La Rochefoucauld

14. Oktober

Viele denken nach, wenige vor.
Peter Tille

15. Oktober

Ein Optimist ist ein Mensch,
der die Dinge nicht so tragisch nimmt wie sie sind.
Karl Valentin

16. Oktober

Nichtstun ist besser als mit viel Mühe nichts schaffen.
Lao-tse

17. Oktober

Finde die Arbeit, die Dich beseelt,
und Du wirst Dich nie mehr anstrengen müssen.
Konfuzius

18. Oktober

Jeder ist zu einer ganz bestimmten Arbeit berufen,
und die Sehnsucht nach dieser Arbeit wurde uns ins Herz gelegt.
Jalaluddin Rumi, Persischer Mystiker und Dichter

19. Oktober

Von allen Dingen ist die Liebe am wichtigsten.
(Unbekannt)

20. Oktober

Seelische Ruhe, Heiterkeit und Zufriedenheit sind die Grundlagen
für Glück und Gesundheit sowie für ein Langes Leben,"
Christoph Wilhelm Hufeland

21. Oktober

Nur wer das Unmögliche versucht, erfährt was möglich ist.
(Unbekannt)

22. Oktober

Zu allen Zeiten haben Machthaber in Politik und Wirtschaft Faulenzer als potenzielle Unruhestifter verteufelt. Warum eigentlich? Die Natur verurteilt weder langsam wachsende Bäume, noch Gras, Schnecken oder die Wolken, die gemächlich am Himmel schweben.
Buckminster Fuller, Erfinder der Geodätischen Kuppel

23. Oktober

Das Paradies
pflegt sich erst dann als Paradies zu erkennen zu geben,
wenn wir aus ihm vertrieben sind.
Hermann Hesse

24. Oktober

Es gibt Leute,
die nur aus dem Grund in jeder Suppe ein Haar finden,
weil sie, wenn sie davor sitzen,
so lange den Kopf schütteln, bis eins hineinfällt.
Friedrich Hebbel

25. Oktober

Nur jeden Tag eine halbe Stunde gesät für andere
und du wanderst im Alter durch ein Ährenfeld
Der Freundschaft und der Freude
Emil Frommel

26. Oktober

Wenn du im Recht bist,
kannst du es dir leisten, Ruhe zu bewahren,
und wenn du im Unrecht bist,
kannst du dir nicht leisten, sie zu verlieren.
Mahatma Gandhi

27. Oktober

Die Rache der Geschichte an jungen Revolutionären
besteht darin, dass sie in späteren Jahren im Frack und Orden
zum Opernball gehen müssen.
Bruno Kreisky

28. Oktober

Gut ist es zu geben ...
Was wollt ihr auch für euch aufsparen?
Alles, was ihr besitzt, wird eines Tages dahingehen.
Darum gebt jetzt, auf dass die Zeit des Gebens die eure sei
und nicht die eurer Erben.
Oft sagt ihr: „Ich möchte schon geben,
aber nur dem, der es verdient."
Die Bäume in eurem Obstgarten sprechen nicht so,
auch nicht die Herden auf eurer Weide.
Sie geben, um zu leben, denn zu horten wäre ihr Verderben.
Wer würdig ist, seine Tage und Nächte zu empfangen,
der ist auch all eurer Gaben wert.
Khalil Gibran, Der Prophet

29. Oktober

Visionäre sind die wahren Realisten.
Federico Fellini

30. Oktober

Das Problem der Zeitungsberichterstattung liegt darin,
dass das Normale uninteressant ist.
Saul Bellow

31. Oktober

Gedenke der Quelle, wenn du trinkst!
Chinesisches Sprichwort

1. November

Alles Wissen ist leer, wenn man nichts damit tut.
Und alles Tun ist leer, wenn ihm die Liebe fehlt.
Was Ihr jedoch mit Liebe tut, das nährt Euer innerstes Wesen.
Es verbindet euch untereinander und so auch mit Gott.
Und was heißt es, die Arbeit mit Liebe zu tun?
Es heißt, allen Dingen einen Hauch Eures Geistes einzuflößen.
Webt jedes Tuch mit dem Faden des Herzens,
als solle es Eure Liebsten umhüllen.
Baut jedes Haus mit Zuneigung,
als solle Eure eigene Familie darin wohnen.
Sät jeden Samen mit Zärtlichkeit und erntet mit Freuden,
als sollten Eure Liebsten die Früchte essen.
Arbeit ist sichtbar gemachte Liebe.
Khalil Gibran

2. November

Liebe Dich – nur so kannst Du auf dieser Erde etwas verändern.
Unbekannt

3. November

Das Lächeln, das du aussendest, kommt tausendfach zurück.
Aus China

4. November

Des Menschen Seele gleicht dem Wasser:
Vom Himmel kommt es, zum Himmel steigt es,
und wieder nieder zur Erde muss es, ewig wechselnd.
Johann Wolfgang von Goethe

5. November

Man verliert die meiste Zeit damit, dass man Zeit gewinnen will.
John Steinbeck

6. November

Halt an, wo läufst du hin?
Der Himmel ist in dir.
Suchst du Gott anderswo,
fehlst du ihn für und für.
Angelus Silesius

7. November

Wenn ich hasse, so nehme ich mir etwas;
Wenn ich liebe, so werde ich um das reicher,
was ich liebe.
Friedrich von Schiller

8. November

Entweder lerne den jetzigen Zustand
oder die momentane Situation zu lieben,
oder zu verändern.
Gerhard Müller

9. November

Stille ist nicht die Abwesenheit von Lärm,
sondern ein Schweigen,
das den Menschen Augen und Ohren öffnet
für eine andere Welt.
Serge Poliakoff

10. November

Die Erde ist nur ein Land
und alle Menschen sind seine Bürger"
Baha 'U'llah

11. November

Wer bedauert auf dem Sterbebett,
dass er nicht mehr Zeit im Büro verbracht hat?
Steven R. Covery

12. November

Wenn nicht jetzt – wann dann?
Talmud

13. November

Fast alles, was du tust, wird dir unbedeutend erscheinen,
aber es ist sehr wichtig, dass du es tust.
Wenn wir die Welt verändern wollen, gilt folgender Grundsatz:
Sei selbst die Veränderung, die du in der Welt sehen willst.
Mahatma Gandhi

14. November

Es gibt große Männer,
neben denen sich jeder andere Mann klein fühlt.
Doch der wahre Mann von Größe ist der,
der alle anderen sich groß fühlen lässt.
Chinesisches Sprichwort

15. November

Wir verbringen einen großen Teil des Lebens damit,
die Achtung anderer zu erwerben.
Aber Selbstachtung zu gewinnen,
darauf verwenden wir wenig Zeit.
Josef von Sternberg

16. November

Mache alles so einfach wie möglich –
aber nicht mehr als nötig.
Albert Einstein

17. November

Alles Schlechte, was einem Menschen zustößt,
zieht er sich selbst zu,
wenn er die Regeln des geistigen Daseins verletzt
und sich von der Natur loslöst.
Wladimir Megre

18. November

Wie viel wiegt das Leben?
Ein Schüler kam zu einem weisen alten Mann.
„Herr" sprach er mit schleppender Stimme „das Leben liegt wie eine Last auf meinen Schultern. Es drückt mich zu Boden und ich habe das Gefühl, unter dem Gewicht zusammenzubrechen."
„Mein Sohn" sagte der Alte mit einem liebevollen Lächeln „das Leben ist leicht wie eine Feder."
„Herr, bei aller Demut, aber hier musst du irren, Denn ich spüre mein Leben wie eine Last von tausend Pfunden auf mir. Sag, was kann ich tun?"
„Wir sind es selbst, die uns Last auf die Schultern laden," sagte der Alte, immer noch milde lächelnd.
„Aber..." wollte der Junge einwenden.
Der Alte Mann hob die Hand: „Dieses **„Aber",** mein Sohn, wiegt allein tausend Pfund."
Quelle: Tania Konnerth

19. November

Immer ist die wichtigste Stunde die gegenwärtige.
Immer ist der wichtigste Mensch der,
der dir gerade gegenübersteht.
Immer ist die wichtigste Tat die Liebe.
Meister Eckehart

20. November

Falls der Mensch Gott nicht erkennt und nicht begreift,
so hat er noch kein Recht, daraus zu schließen,
es gäbe keinen Gott.
Die gesetzmäßige Folgerung daraus ist nur die,
dass er noch nicht fähig ist,
Gott zu erkennen und zu begreifen.
Tolstoi

21. November

Wer die Tiere nicht achtet kann nicht menschlich sein.
Alfred E. Brehm

22. November

Jene, die sagen, dass es nicht möglich sei,
sollten nicht diejenigen stören,
die es möglich machen.
(Unbekannt)

23. November

Alles ist Gift – nichts ist Gift.
Nur die Dosis macht den Unterschied.
Paracelsus

24. November

Zwei Dinge sind unendlich:
Das Universum und die menschliche Dummheit.
Aber beim Universum bin ich mir nicht ganz sicher.
Albert Einstein

25. November

Denn kein Mensch kann lange leben,
noch glücklich sein,
wenn er seine Mutter Erde nicht ehrt
und ihre Gesetze befolgt.
Aus „Die verlorenen Schriftrollen der Essener"

26. November

Wenn man zu lange an einem Ort wohnt,
häufen sich zu viele Sachen an.
Man übernimmt zu viele Pflichten und Geschäfte,
verkehrt mit zu vielen Familien,
und wenn man fortzieht,
empfindet man Trennungsschmerz.
Buddha

27. November

Glücklich leben und naturgemäß leben ist eins!
Seneca

28. November

Mann mit zugeknöpften Taschen,
dir tut niemand was zulieb.
Hand wird nur von Hand gewaschen.
Wenn du nehmen willst, so gib!
Johann Wolfgang von Goethe

29. November

Ein Mensch lebt keine hundert Jahr,
doch macht er sich Sorgen für tausend!
Chinesische Weisheit

30. November

Ein Geschenk, das kein Opfer ist, ist kein Geschenk.
John Steinbeck

1. Dezember

Wer sich selbst nicht achtet, wird auch nicht geachtet werden.
Aus dem Orient

2. Dezember

Errechne nicht schon den Ernteertrag,
wenn du noch beim Pflügen bist;
freue dich nicht schon auf die Ausbeute des dritten Jahres,
wenn du gerade jungfräulichen Boden bestellst.
I Ging

3. Dezember

Man verschlafe ruhig die Hälfte seines Lebens.
Glück ist eine Frage des Ausgeschlafenseins.
Carl Ludwig Schleich

4. Dezember

Es ist wichtiger, Kinder glücklich zu machen,
als durch Kinder glücklich zu werden.
Walter Bärsch

5. Dezember

Du wirst nicht danach beurteilt, was du sagst,
sondern was du tust!
Rosa Luxemburg

6. Dezember

Jeder weiß, dass die Vergangenheit vergangen ist und die Zukunft steht uns noch bevor. Das bedeutet, dass die Zukunft in deinen Händen liegt. Die Zukunft hängt zu hundert Prozent von der Gegenwart ab. Sobald du das erkannt hast, wirst du dir deiner immensen Verantwortung im Hier und Heute erst bewusst sein. *Dalai Lama*

7. Dezember

Das wahre Glück findet man nur dann,
wenn man sich den Jahreszeiten des Lebens genauso anpasst,
wie den Jahreszeiten des Jahres.
Sigrid Undstet

8. Dezember

Wenn du den Tag vergehen lässt,
ohne großzügig gewesen zu sein
und ohne die Freude des Lebens genossen zu haben,
bist du wie der Blasebalg des Schmiedes:
Du atmest ein, du atmest aus, aber du lebst nicht.
Chinesisches Sprichwort

9. Dezember

Euer Haus ist die Erweiterung eures Körpers.
Es wächst in der Sonne und schläft in der Stille der Nacht. ....
Und wenn euer Haus auch prachtvoll und herrlich sein mag,
so kann es weder euer Geheimnis beherbergen
noch eurer Sehnsucht Schutz gewähren.
Denn das, was in euch grenzenlos ist,
wohnt im Palast des Himmels.
Khalil Gibran, Der Prophet

10. Dezember

Die Welt braucht glückliche Menschen,
da nur sie auch andere wirklich glücklich machen,
die Natur achten und umsichtig behandeln.
(Unbekannt)

11. Dezember

Das Morgen ist nicht real, es ist nur eine Illusion.
Die einzige Wirklichkeit ist jetzt.
Zen-Weisheit

12. Dezember

Der Mensch ist Natur,
und er lebt von und durch die Natur.
Pastor Emanuel Felke

13. Dezember

Man sollte nur tun, was Spaß macht.
Und wenn man gezwungen wird, etwas zu tun,
sollte man sich zwingen Spaß daran zu haben.
Nubar Gulbenkain

14. Dezember

Es ist ein Irrtum zu glauben, etwas existiere nicht,
weil sich nichts darüber aussagen lässt.
Denn Aussagen ist gleichbedeutend mit wahrnehmen.
Und der Teil im Menschen, der bislang gelernt hat,
wahrzunehmen, ist nur schwach entwickelt.
Was ich eines Tages wahrnehme,
hat auch schon am Tage zuvor existiert...
Antoine de Saint-Exupéry

15. Dezember

Ob du glaubst, du kannst es,
oder es nicht glaubst – du hast recht.
Henry Ford

16. Dezember

Es braucht Mut, darum zu bitten, was man will.
Mut ist nicht die Abwesenheit von Angst.
Es ist, trotz der Angst zu tun, was nötig ist.
Jack Canfield und Mark V. Hansen

17. Dezember

Ich kann nichts anfangen mit denen,
die viel Zeit darauf verwenden,
ihre Klugheit vorzuzeigen,
ohne dabei auch nur das Wesentliche zu berühren.
Lao-tse

18. Dezember

Toleranz ist nicht möglich ohne Liebe.
Albert Schweitzer

19. Dezember

Du möchtest geliebt werden,
weil du nicht selbst liebst,
doch von dem Augenblick an,
wo du selbst liebst, fragst du nicht länger,
ob du von jemanden geliebt wirst oder nicht.
Krihnamurti

20. Dezember

Man kann alles tun,
wenn man sich darauf konzentriert, wie es zu tun ist,
und nicht darauf, warum man es nicht kann.
Bob Proctor

21. Dezember

Tradition ist Bewahrung des Feuers
und nicht Anbetung der Asche.
Gustav Mahler

22. Dezember

Je mehr wir uns zu freuen vermögen,
desto reicher sind wir,
desto mehr strahlen wir Licht und Wärme aus.
Loni Seitz-Kkansmsyr

23. Dezember

Wer den Glauben an einen Gott für Nebensache hält,
der hat schon keinen Halt.
Newton

24. Dezember

Dort, wo ein Feuer in dir brennt,
wo du mit deinem Herzen ganz dabei bist,
dort hat Gott dein Inneres berührt.
H. Ryser

25. Dezember

Das Geheimnis in allem ist die Liebe.
(Unbekannt)

26. Dezember

Die nur ganz langsam gehen,
aber immer den rechten Weg verfolgen,
können viel weiter kommen als die,
welche laufen und auf Abwege geraten.
René Descartes

27. Dezember

Um einen Schmetterling lieben zu können,
müssen wir auch ein paar Raupen mögen.
Antoine de Saint-Exupéry

28. Dezember

Ein Gott ist der Mensch, wenn er träumt,
ein Bettler, wenn er nachdenkt.
Friedrich Hölderlin

29. Dezember

Dieses Leben, sollst du wissen,
ist ein kleiner Platscher eines Regentropfens.
Eine Sache von unendlicher Schönheit,
das im gleichen Moment, in dem es geschaffen wird,
auch wieder verschwindet.
Daher stecke dir ein Ziel.
Nütze jeden Tag und jede Nacht.
Tsongkapa (tibetanischer Buddhist)

30. Dezember

Es ist nicht wenig Zeit, was wir haben,
sondern es ist viel, was wir nicht nützen.
Seneca

31. Dezember

Das neue Jahr sieht mich freundlich an,
und ich lasse das alte
mit seinem Sonnenschein
und seinen Wolken ruhig hinter mir.
Johann Wolfgang von Goethe

Der Herausgeber:
Gerhard Müller ist Buchautor, Qi Gong Lehrer und Ernährungsberater. Er arbeitet in eigener Praxis sowie in Zusammenarbeit
mit Ärzten, Heilpraktikern und Kurhäusern. Darüber hinaus
leitet er Seminare und Workshops zu folgenden Themen:

- **Wohlfühlwochenenden/Wohlfühlwochen**
  Tage zum Entspannen und Verwöhnen
- **Seminare in Unternehmen**
  Erfolgreiche Unternehmen durch gesunde Mitarbeiter
- **Qi Gong**
  Ihr Weg zur Gesundheit und Ausgeglichenheit
- **Qi Gong**
  Lebensenergie aus der Natur
- **Natur-heil-tage**
  Heilende Kräuter & Qi Gong
- **Wildkräuterwanderung & Kochworkshops**
  Kostbares „Unkraut" Gaumenfreuden und Hausmittel zum
  Nulltarif
- **Tue, was dein Herz dir sagt**
  Lernen Sie Ihrer inneren Stimme wieder mehr Gehör zu
  verschaffen. Sie ist ein guter Ratgeber welche uns im Leben
  den richtigen Weg weist.
- **Idealgewicht & Beweglichkeit**
  mit Qi Gong und der 5 Elemente – Ernährung
  Individuelle Ernährungsberatungen

Ich bin mobil:
Nach Absprache unterrichte ich ab 8 Personen auch in Ihrer
Stadt.

Im Handel erhältlich:

Gerhard Müller, **Natürlich glücklich und gesund** – Vom Glück die Natur zu lieben. 204 Seiten, ISBN: 978-3-8370-3996-2

- Dieses Buch will Sie hinführen zu den Heilkräften der Natur und ihren Elementen: Licht, Luft, Wasser und Erde. Es will Sie sensibilisieren für die Schönheit, Ihnen Anleitungen geben, wie Sie mithilfe von einfach zu erlernenden Übungen entspannen, unnötigen Ballast über Bord werfen und neue Kräfte sammeln können für die Anforderungen des Alltags.

Gerhard Müller, **Glücklich und gesund mit Qi Gong** – 168 Seiten, ISBN: 9783837020403

- Nach Ansicht der alten chinesischen Meister wird jeder Mensch mit einem gewissen Potential an Lebensenergie geboren. Dieses Grundkapital an Qi ist ein wertvoller Schatz, den es zu bewahren gilt. Stress, schlechte Nahrung, zu wenig Bewegung, sowie zu wenig Schlaf und Entspannung erschöpfen unser Kapital an Lebensenergie vorzeitig. Qi Gong ist eine einfach zu erlernende Technik um diese Energiedefizite auszugleichen. Die Anleitungen in diesem Buch führen Sie hin zu einer gesunden und bewussten Lebensführung, welche es Ihnen gestattet bis ins hohe Alter gesund und glücklich zu sein.

Beim Autor erhältlich:

DVD - Gerhard Müller, **Qi Gong - 18 Übungen zur Gesundheit und Ausgeglichenheit,** Laufzeit ca. 35 Minuten

- Die langsam und sanft ausgeführten Bewegungen der 18 Übungen beruhigen den Geist und bauen körperliche Verspannungen ab. Sie führen zu einer erhöhten Konzentration, zur besseren Körperhaltung und zu einer Stärkung des Immunsystems.

Übungsanleitung – Gerhard Müller, **Qi Gong – 18 Übungen zur Gesundheit und Ausgeglichenheit,** 26 Seiten 206 x 10 mm

Glückskarten – Weisheiten aus China
40 Weisheiten als Karten-Set 85 x 55 mm

✳ GERHARD MÜLLER ✳
QI GONG LEHRER, ERNÄHRUNGSBERATER (TCM),
BERLINER STRASSE 17, D-55566 BAD SOBERNHEIM,
TEL.: +49 (0)6751-4926, E-MAIL: info@qi-gong-schule.de
HOME: www.qi-gong-schule.de